Como controlar
o seu orçamento

Copyright 2012 by Reinaldo Domingos

Direção editorial: Simone Paulino
Projeto gráfico e diagramação: Terra Design Gráfico
Editora-assistente: Silvia Martinelli
Produção editorial: Maíra Viana
Redação: Marina Bueno
Produção gráfica: Christine Baptista
Revisão: Assertiva Produções Editoriais
Impressão: Intergraf Ind. Gráfica Ltda.

Todos os direitos desta edição são reservados
à DSOP Educação Financeira Ltda.
Av. Paulista, 726 – cj. 1210 – 12º andar
Bela Vista – CEP 01310-910 – São Paulo – SP
Tel.: 11 3177-7800 – Fax: 11 3177-7803
www.dsop.com.br

```
        Dados   Internacionais  de  Catalogação na  Publicação  (CIP)
                (Câmara  Brasileira  do  Livro,  SP,  Brasil)

                Domingos, Reinaldo
                   Como controlar o seu orçamento / Reinaldo
                Domingos ; redação Marina Bueno. -- São Paulo :
                DSOP Educação Financeira, 2012. -- (Coleção
                dinheiro sem segredo ; v. 4)

                   ISBN 978-85-63680-70-9

                   1. Dinheiro 2. Finanças 3. Finanças pessoais
                4. Finanças pessoais - Planejamento 5. Orçamento
                I. Bueno, Marina. II. Título. III. Série.



        12-15156                                        CDD-332.6

                       Índices para catálogo sistemático:

                    1. Educação financeira : Economia    332.6
```

DINHEIRO SEM SEGREDO

**Como controlar
o seu orçamento**

REINALDO DOMINGOS

dsop

Sumário

Apresentação 8

Inclua seus sonhos no orçamento

Controle seus gastos 13

A diferença entre orçar e diagnosticar 17

Aprenda a viver com seus rendimentos 19

Novo padrão de vida 22

Renove sua capacidade de sonhar

Acreditar é o primeiro passo 27

Desperte seus sonhos 31

Coloque seus sonhos no papel 35

Disciplina é a palavra-chave

Estabeleça prazos 41

O preço dos sonhos 45

Priorize seus sonhos 49

O sonho (ou pesadelo) do automóvel 52

Sua vida financeira sob controle

A redução na prática 59

Invista no seu futuro 63

Quando o sonho vira realidade 66

DSOP Educação Financeira 70

Reinaldo Domingos 72

Contatos do autor 74

Apresentação

A Coleção **Dinheiro sem Segredo** foi especialmente desenvolvida para ajudar você e muitos outros brasileiros a conquistar a tão sonhada independência financeira.

Nos 12 fascículos que compõem a Coleção, o educador e terapeuta financeiro Reinaldo Domingos oferece todas as orientações necessárias e apresenta uma série de conhecimentos de fácil aplicação, para que você possa adotar em sua vida a fim de equilibrar suas finanças pessoais.

Questões como a caminhada para sair das dívidas, a realização de sonhos materiais como a compra da casa própria e a melhor forma de preparar uma aposentadoria são abordadas numa leitura fácil, saborosa e reflexiva.

Os fascículos trazem dicas de como lidar com empréstimos, cheques especiais, cartões de crédito e financiamentos, todas elas embasadas numa metodologia própria, que já ajudou milhares de brasileiros a ter uma vida financeira melhor e a realizar seus sonhos.

Observador e atento, Reinaldo faz uso de tudo o que ouve em seu dia a dia como educador e consultor financeiro para explicar o que se deve ou não fazer quando o assunto é finanças. As dicas e ensinamentos que constam nos fascículos são embasados pela Metodologia DSOP, um método de ensino desenvolvido pelo autor que consiste em diagnosticar gastos, priorizar sonhos, planejar o orçamento e poupar rendimentos.

Inclua seus sonhos no orçamento

Controle seus gastos.

A diferença entre orçar e diagnosticar.

Aprenda a viver com seus rendimentos.

Novo padrão de vida.

Controle seus gastos

Todo mundo tem um sonho. Comprar uma casa, trocar de carro ou fazer uma viagem ao exterior. Seja lá qual for o seu, saiba que para que ele seja alcançado, é necessário incorporar em seu dia a dia a prática do orçamento financeiro.

Diferentemente do que a maioria das pessoas pensa, controlar o orçamento com o objetivo de alcançar um sonho não é encaixar ou fazer caber todas as despesas no valor mensal recebido e esperar um dinheiro extra para poupar. Ter um orçamento sob controle não significa registrar o que se ganha, subtrair o que se gasta e, se sobrar dinheiro, sair no lucro. Ou o contrário: se faltar dinheiro, sair no prejuízo.

Essa definitivamente não é a maneira mais adequada. É muito importante ter um registro do dinheiro que entra e sai, mas isso não basta. Isso não é priorizar os sonhos e, caso eles não sejam a prioridade, dificilmente poderão ser alcançados. As boas escolhas financeiras são aquelas que visam, acima de tudo, à sua verdadeira realização pessoal.

O meu ensinamento a você, que resulta do que aprendi ao longo de anos de estudos, leituras e conversas com pessoas de todas as idades e classes sociais, é que a ordem dos fatores tem que ser alterada. Você deve, portanto, registrar seus rendimentos, separar um valor mensal definido para a realização dos sonhos e, a partir do saldo restante, adequar seu padrão de consumo e de vida.

Essa é a forma correta para que o dinheiro destinado à conquista de seus sonhos esteja sempre reservado e protegido. É dessa maneira que você se sentirá motivado para cortar gastos desnecessários e se adequar a um novo padrão de vida, como uma pessoa que investe verdadeiramente na conquista de seus desejos mais importantes.

Afirmo isso porque grande parte dos brasileiros simplesmente não tem perfil de poupador. A desculpa da maioria é que não sobra dinheiro para guardar. Como eu já disse, não sobra porque a lógica usada é a inversa da ideal, que é: ganhar, guardar uma parte para os sonhos e depois gastar o restante.

Para exemplificar ainda melhor esse meu ensinamento, mostro a seguir um orçamento comum (no qual a pessoa reserva apenas um valor extra ou o que sobra após ter pago as despesas mensais para a realização de seus sonhos) e o orçamento de quem investe em seus sonhos (e reorganiza seu padrão de vida e de consumo depois de já ter reservado o valor destinado à concretização dos sonhos).

Inclua seus sonhos no orçamento

DESCRIÇÃO	ORÇAMENTO COMUM (R$) ANTES	ORÇAMENTO DE QUEM INVESTE EM SEUS SONHOS (R$) DEPOIS (*)
+ Receitas (salários, pró-labore, outros)	1.800,00	1.800,00
(-) Sonho (curto prazo) – câmera fotográfica	0,00	30,00
(-) Sonho (médio prazo) – viagem	0,00	100,00
(-) Sonho (longo prazo) – 10% para imprevistos ou aposentadoria	0,00	180,00
= Saldo para reorganizar o padrão de vida	1.800,00	1.490,00
Residência		
Água	60,00	50,00
Energia elétrica	70,00	60,00
Telefone	95,00	80,00
Mercado	330,00	300,00
Manutenção da residência	40,00	40,00
Pessoal		
Transporte	170,00	140,00
Medicamentos	35,00	35,00
Convênio médico	90,00	90,00
Instrução		
Faculdade	450,00	300,00

Cursos de idiomas	110,00	80,00
Material escolar, xerox, etc.	15,00	15,00
Outras		
Lanches	55,00	30,00
Roupas e calçados	150,00	50,00
Cosméticos, cabeleireiro, etc.	80,00	50,00
Diversão e lazer	120,00	50,00
Gorjetas	20,00	10,00
Almoço, lanche, café, etc.	40,00	20,00
(-) Total de despesas	1.930,00	1.400,00
Saldo do mês	**-130,00**	**90,00**

(*) Após apontamento de despesas, processo descrito no fascículo anterior

Aposto que você ficou surpreso com o resultado. Seja sincero e reflita sobre quantos sonhos já poderia ter realizado se adotasse esse outro tipo de controle financeiro há meses. E se tivesse poupado para seus sonhos desde criança ou assim que recebeu o primeiro salário?

Calma, minha intenção não é desestimulá-lo, fazendo-o acreditar que não há como recuperar o tempo perdido. Pelo contrário. Meu objetivo é mostrar que ao adotar novos hábitos que incluam o controle do seu orçamento, é possível viver dentro de um padrão sustentável e ainda realizar seus sonhos. Quer saber como?

A diferença entre orçar e diagnosticar

A principal finalidade do orçamento financeiro é apresentar, de maneira clara, prática e objetiva, algo palpável para que as pessoas possam visualizar e consolidar, em números, seus ganhos, sonhos e despesas.

Nesses anos como terapeuta financeiro, aprendi que uma planilha financeira pode, sim, ajudar algumas pessoas a buscar o equilíbrio, pois ao se organizarem elas são capazes de encontrar sozinhas o caminho para sua independência financeira. Mas é importante ter consciência de que apenas as planilhas não resolvem a questão.

A adoção do orçamento financeiro é um passo importante assim como planilhas e cálculos matemáticos, embora estes sejam apenas ferramentas complementares que auxiliam na visualização para a tomada de decisões. Por isso, é fundamental que haja também uma mudança de atitude e comportamento. Afinal, não adianta nada adotar diferentes tipos de controles financeiros e manter o mesmo estilo de vida, gastando e comprando sem pensar nas consequências.

Meu objetivo é fazê-lo entender a diferença entre orçar e diagnosticar. Para a maioria das pessoas, orçar significa pesquisar, comparar preços. Mas quando fazemos isso estamos, na verdade, diagnosticando e não orçando. Um orçamento serve para comparar o que planejamos com o que efetivamente foi realizado. Assim, a partir dessa comparação entre meta/realidade, é possível fazer simulações e buscar maneiras para aprimorar os controles e, consequentemente, conquistar resultados positivos no que se refere à vida financeira.

Quem deseja obter o equilíbrio financeiro precisa ter plena consciência de seus rendimentos, saber exatamente o valor disponível para realizar suas despesas, compromissos e investimentos. E a adoção de ferramentas de controle é fundamental para auxiliá-lo nessa tarefa.

Lembre-se de que para diagnosticar com precisão sua situação financeira, é imprescindível que você tenha uma visão completa dos seus rendimentos e, principalmente, dos seus gastos. Se você tiver dívidas, não desanime e siga em frente. A única diferença é que você deve incluir e analisar se os valores correspondentes às prestações ou à poupança que começou a fazer para quitá-las caberão ou não no orçamento.

E, nesse exercício, não se esqueça nunca de priorizar os seus sonhos. Eles devem ser considerados parte estratégica do seu orçamento. Afinal, é para que eles se tornem realidade que estamos promovendo tantas mudanças em sua vida, não é mesmo?

Aprenda a viver com seus rendimentos

Como você viu, é possível controlar o seu orçamento e fazer com que seus sonhos caibam nele. O importante é que, independentemente de sua classe social, você aprenda a viver com o que ganha, priorizando seus sonhos.

Para plantar as sementes e colher os frutos amanhã, você terá de adequar seu padrão de vida, adotando uma nova cultura financeira e, se for o caso, levando sua família a também priorizar os sonhos. Acredite: a realização de seus sonhos não depende de um aumento de salário nem de um prêmio na loteria. O segredo é fazer uma "blitz" em seu consumo.

Uma importante lição é realizar um diagnóstico financeiro com a utilização do que eu chamo de "Apontamento de Despesas". Minha orientação é que você anote todos os seus gastos, por menores que sejam, e divida-os por categoria de despesas.

Veja o exemplo a seguir, com os gastos feitos apenas com as compras de supermercado. Esse modelo também está disponível, em branco, no site (www.dsop.com.br), para seu preenchimento.

MÊS: SETEMBRO	DESPESA: SUPERMERCADO	
Dia	Valor	Forma de pagamento
03	R$ 16,00	Cartão de débito
10	R$ 31,25	Cartão de crédito
15	R$ 13,00	Dinheiro
17	R$ 22,15	Vale-refeição
22	R$ 42,85	Dinheiro
28	R$ 14,00	Cartão de débito
Total	R$ 139,25	

Você ficará surpreso ao descobrir quanto gasta após somar todas as compras, muitas vezes feitas por impulso, como a comida congelada, os doces e os iogurtes. Não importa quanto você tem, mas como gasta o seu dinheiro. Muitas de suas compras são motivadas pela busca de satisfação emocional e não da real necessidade de determinado produto ou serviço. Por isso, a partir de agora, pare e pense antes de comprar. Comece a gerir verdadeiramente seus ganhos e gastos.

Pesquisas demonstram que, após algum tempo, pessoas que foram premiadas com grandes quantias em dinheiro acabaram ficando pobres novamente ou em uma situação financeira ainda pior. Isso acontece pela simples razão de que grande parte dos indivíduos não se preocupa efetivamente com a forma como gerencia os seus ganhos, talvez por nem saber como fazer isso de forma eficiente.

Lembre-se de que para alcançar os seus sonhos é fundamental adotar um controle financeiro efetivo das despesas e ganhos. Se você seguir essas recomendações, anotando seus gastos diariamente por tipo de despesas e estudando a melhor forma de poupar, verá que após os primeiros 30, 60 e 90 dias as rédeas de sua situação financeira estarão em suas mãos, de forma controlada.

Isso vai garantir mais satisfação e o fará pensar se vale a pena mesmo gastar seu dinheiro, mesmo que seja R$ 1,00, com determinados produtos. Você saberá quais são as frestas por onde o seu dinheiro está escapando e naturalmente iniciará uma mudança de hábitos.

Novo padrão de vida

Em geral, no Brasil a ideia de padrão de vida está vinculada a outro termo: classe social. Você já deve ter ouvido, provavelmente de forma maldosa, alguém afirmando que "fulano não vive de acordo com sua classe social", querendo dizer que a pessoa gasta muito mais do que ganha. Em outras palavras, que aquela pessoa adota um padrão de consumo que não condiz com sua classe social.

O importante é que, independentemente de classe social, você precisa aprender a viver de acordo com o que ganha. Ou seja, manter um padrão de vida sustentável, que lhe permita estar sempre na posição de poupador e não de devedor. Se você está atolado em dívidas, é provável que esteja vivendo muito além do seu padrão de vida. E, acredite, isso não acontece somente com você. Há milhões de pessoas que preferem viver de aparências, se intitulando como "ricas", quando, na verdade, estão totalmente falidas e endividadas.

A sua saúde financeira depende da disposição em assumir a própria realidade. Uma dica para que você nunca se esqueça disso é perguntar-se frequentemente: "Consigo custear todos os meus compromissos financeiros ou dependo da ajuda de terceiros?". Dependendo da resposta, será possível identificar se você está vivendo um padrão que não corresponde à sua realidade.

O importante é que você aprenda a viver com menos do que, em tese, poderia. Não importa em que classe social você e sua família estejam enquadrados. O fundamental é que tenham sustentabilidade financeira. E, para isso, é necessário que aprendam a viver de acordo com o padrão de vida que seus rendimentos permitem. Ou seja, a partir do seu ganho mensal líquido, você deve gastar, no máximo, 90% de suas receitas.

Lembre-se: o primeiro passo para estabelecer o equilíbrio financeiro e conquistar os seus sonhos é reter 10% de seus rendimento antes mesmo de pagar as contas ou de fazer qualquer outro gasto. Após separar o necessário para os seus sonhos, você chegará ao valor que possui e com o qual deve contar ao ajustar suas despesas. Esse será o saldo para a adequação de seu padrão de vida e consumo.

A partir do quarto mês, você deverá ter assumido o compromisso de viver com esse valor. E a pergunta crucial é: "Como fazer isso?". Gastando 10%, 20%, 30%, 40% ou até 50% menos em suas compras.

Você deve estar novamente se questionando: "Mas como, se já gasto o mínimo possível?". Eu respondo que você está se enganando. Pense bem e reflita verdadeiramente: você está gastando de forma proveitosa?

Renove sua capacidade de sonhar

Acreditar é o primeiro passo.

Desperte seus sonhos.

Coloque seus sonhos no papel.

Acreditar é o primeiro passo

Acreditar verdadeiramente na possibilidade de realizar seus mais desejados sonhos é um dos passos mais importantes para conseguir realmente mudar sua relação com o dinheiro.

Os seus sonhos devem ser o combustível para a efetiva transformação que você merece promover em sua vida financeira. Afinal, são nossos sonhos que fazem com que enfrentemos as batalhas de cada dia em nossa busca por crescimento pessoal e profissional, por seguir adiante e progredir e, assim, prosperar.

É impressionante como as pessoas não conseguem falar abertamente sobre a realização dos seus sonhos e não sabem nem descrever aquilo que realmente almejam.

Os sonhos são simplesmente os desejos, vivos e intensos, que todas as pessoas têm ou podem vir a ter por algo. São todas as formas de felicidade que constantemente buscamos, mas que são cada vez mais raras em nossas vidas.

E não importa se você é homem ou mulher, jovem ou mais vivido e, principalmente, não importa qual é a sua condição financeira atual. Seus sonhos serão a ferramenta motivadora para ultrapassar com mais facilidade os obstáculos.

Eu sei disso porque, ainda pequeno, aprendi essa importante lição. Consegui acreditar e projetar verdadeiramente a realização de um sonho e, com isso, buscar os meios necessários para realizá-lo.

Eu nasci e cresci em uma família humilde. Meu pai era ferroviário e minha mãe cuidava da casa e dos filhos, além de ajudar no orçamento vendendo cosméticos e bijuterias. Vivíamos uma vida sem extravagâncias ou luxos e, na época, comecei a imaginar como poderia realizar um de meus primeiros grandes sonhos: comprar uma bicicleta.

Foi com muita determinação que a possibilidade de realizá-lo começou a ganhar forma. Desde cedo, aprendi que a conquista de tudo o que eu queria dependia única e exclusivamente de mim e dos meus esforços.

Intuitivamente, eu sabia que se conseguisse um trabalho e guardasse uma parte do dinheiro que ganharia, meus sonhos poderiam se tornar realidade.

O primeiro passo foi, então, descobrir qual era o preço do meu sonho, ou seja, quanto custava a tão desejada bicicleta. Fui até uma loja e descobri que o preço era de aproximadamente R$ 100,00, em valores atualizados. Assim, muito precoce, com apenas 12 anos de idade e recém-saído da infância, conquistei o meu primeiro emprego.

Comecei a trabalhar como auxiliar de camelô na praça central da minha cidade, Casa Branca, no interior do Estado de São Paulo. Minha motivação era sempre a de ganhar dinheiro para realizar o sonho de ter minha bicicleta, o que, naqueles tempos, era uma das coisas mais importantes para mim.

Como estudava de manhã, passei a trabalhar de segunda a sexta-feira, das 15h às 18h. Aos domingos, começava às 4h da manhã e ia até o comecinho da tarde, em uma cidade próxima, chamada Tambaú, que era visitada por romeiros devotos do Padre Donizete.

Eu recebia R$ 15,00 por mês e me disciplinei a guardar a maior parte. Assim que o dinheiro vinha para as minhas mãos, eu separava R$ 10,00 para a bicicleta e gastava os outros R$ 5,00 em guloseimas. E toda vez que tinha vontade de comprar algo, pensava duas vezes e me imaginava passeando e brincando com a minha bicicleta.

Essa projeção do meu sonho realizado me ajudava a não desperdiçar nem um centavo com um desejo momentâneo. Dessa forma, dez meses depois, eu tinha os R$ 100,00 de que necessitava. Corri para a loja e comprei minha bicicleta, experimentando pela primeira vez a verdadeira satisfação de alcançar algo que, a princípio, parecia impossível para um jovem menino de uma família de poucos recursos.

E foi daí, dos resultados obtidos com minhas primeiras economias, que busquei motivação para continuar sempre poupando. Eu acreditava que era capaz de conquistar tudo o que desejava se renovasse a cada dia minha capacidade de sonhar, mas sempre entendendo que o tempo de realização dependia também do tamanho do meu sonho.

Assim, desde muito cedo já tive muito clara a consciência da importância de guardar uma quantidade de dinheiro para os meus sonhos e de não depender apenas dos meus ganhos mensais para me sustentar.

Desperte seus sonhos

Minha intenção ao contar um pouco sobre a minha história é fazer com que você entenda e perceba que controlar o seu orçamento e incluir seus sonhos nele não é uma tarefa impossível.

Alcançar a disciplina financeira necessária para poupar parte do que você ganha pode não parecer uma tarefa simples, mas com a projeção dos seus sonhos ela se tornará, a cada dia, mais fácil e até prazerosa. A transformação de que você precisa virá ao descobrir como é a sua relação com o dinheiro. O ciclo do sucesso financeiro começa por respeitar o dinheiro que se ganha e por poupar antes de gastar, sempre priorizando os sonhos.

Você precisa aprender a dimensionar melhor suas escolhas. Quantas vezes você se contentou com pouco e deixou de desejar algo melhor, excluindo a possibilidade de se realizar plenamente?

O contrário também é válido e verdadeiro. Quantas vezes você fez escolhas erradas por dar um passo maior que a perna, por achar que merecia mais do que já era razoável em determinado momento? Você deve alcançar o equilíbrio e rever suas escolhas para que os erros do "eu não mereço" e do "eu não posso" sejam excluídos para sempre de sua vida.

Eu quero que você volte a sonhar, que desperte os seus sonhos mais verdadeiros, que servirão de alavanca para a superação das dificuldades pessoais e financeiras. Sonhar é condição fundamental para que os indivíduos cresçam e se tornem efetivamente aquilo que eles sempre quiseram ser.

Por isso, desde já comece a pensar "quais são os seus sonhos". Dedique verdadeiramente um tempo a isso para desenvolver a capacidade de se projetar no futuro.

Esqueça seus problemas atuais e sua situação financeira e viaje em seus pensamentos. Imagine o que você deseja conquistar para você e/ou sua família em um prazo de cinco, dez, 20 e 30 anos.

Visualize suas conquistas, aonde você quer chegar e como você estará nesse novo e incrível cenário. Pense nos aprendizados e nas experiências de vida que deseja ter para contar e compartilhar em curto, médio e longo prazos. Como você quer que as pessoas o vejam?

Dê um tempinho na leitura e concentre-se. Encontre um lugar confortável, feche os olhos e dê asas à imaginação. Relaxe. Se possível, faça isso em meio à natureza, em um grande parque ou em um simples e belo jardim. Ou ainda na praia, com o agradável barulho de mar ao fundo. Você também pode colocar uma música relaxante para curtir esse momento só seu.

A intenção é que você pare e pense verdadeiramente em sua vida. Quantas vezes você já fez isso, com o foco positivo e se concentrando em seus sonhos mais íntimos e verdadeiros? Pergunte-se: "O que eu consegui conquistar até hoje em minha vida está de acordo com aquilo que sonhava? E daqui para a frente, como me imagino e o que espero conquistar?".

É claro que para a imaginação não há limites. Mas, na vida real, precisamos dar uma dimensão concreta e realista ao que queremos, pois somente assim estaremos batalhando para alcançar nossos sonhos.

Sugiro algumas questões para auxiliá-lo a refletir sobre seu futuro, especialmente se você acredita que não conquistou ainda grande parte daquilo com que sempre sonhou:

No que depender de mim, em que situação viverão meus filhos e netos?

Como estará a minha vida profissional até lá?

Terei conquistado, em termos materiais, todos os meus sonhos?

Essas conquistas serão suficientes para que eu tenha uma vida tranquila no futuro?

Entre essas conquistas, está o sonho de uma aposentadoria sustentável?

Contarei com reservas para possíveis imprevistos?

Independentemente das respostas, tenho certeza de que essas reflexões embutiram sentimentos diversos em seu espírito e você deve estar pensando agora em seus sonhos, naquilo que já conquistou e no que ainda deseja conquistar.

Não perca a chance de materializar esses pensamentos e sentimentos, de sentir na pele o quanto faz bem olhar para dentro de si e achar seus sonhos mais escondidos. Deixe-os virem à tona, sejam do tamanho que forem, sem se preocupar com sua condição financeira atual.

Você não pode, nunca, deixar os seus sonhos morrerem, assim como também não pode acreditar que não é capaz de grandes conquistas. E o mais importante: renove sempre seus objetivos para que sua vida seja repleta de desafios e da possibilidade de conquistas. Não deixe sua autoestima ser abalada por momentos de dificuldades.

Coloque seus sonhos no papel

A cada ano, principalmente nos últimos meses por conta do 13º salário e nos primeiros, pela expectativa de renovação, da possibilidade de recomeço a partir de uma nova etapa, institutos de pesquisa perguntam aos brasileiros quais são seus principais sonhos de consumo, aqueles possíveis de serem efetivamente comprados, ou seja, realizados com dinheiro.

Matérias e mais matérias, no jornal e na televisão, tratam desse tema, e, a cada ano que passa, os resultados não costumam ser muito diferentes. Mais ou menos nesta ordem, aparecem: eletrônicos, o carro do ano, a casa própria, a casa na praia e as viagens, seja pelo Brasil ou ao exterior. Em 2012, por exemplo, os três produtos mais desejados foram respectivamente: celular, notebook e tablet.

O que muitos não percebem é o processo inverso que está embutido nesse cenário. Isso ocorre porque a maioria não consegue ver com clareza a importância de seus sonhos e sua projeção a curto, médio e longo prazos.

A maior parte das pessoas não acredita que conseguirá realizar grandes sonhos, os mais ambiciosos e, portanto, um pouco mais difíceis de serem alcançados – como a casa própria e uma longa viagem com a família ou companheiro ao exterior –, e acaba dando prioridade aos pequenos objetos de desejo.

Seguindo esse raciocínio, grande parte acaba gastando imediatamente o que tem ou se afundando em dívidas e mais dívidas, acumulando parcelas no cartão de crédito ou estourando o limite do cheque especial. Essas pessoas acreditam que, assim, estão inseridas, ainda que minimamente, na acelerada sociedade de consumo em que vivemos hoje, cheia de produtos que podem ser pagos em diversas parcelas e com juros altíssimos.

Essa é a explicação para que um estagiário gaste muito além do que pode e sem nenhum planejamento para comprar um tênis ou uma roupa de marca. Ou ainda a razão que leva uma diarista a comprometer um mês inteiro ou mais de seus rendimentos para ter um celular de última geração.

Meu objetivo, ao pedir que você se concentre e se dedique a pensar em seus sonhos, colocando-os no papel, é ampliar esse horizonte e conseguir incentivá-lo a voltar a sonhar ou sonhar mais alto. Mais que isso, quero ajudá-lo a criar as condições necessárias para transformar seus sonhos em realidade.

Percebo nas muitas conversas que já tive sobre educação financeira que as pessoas simplesmente não pensam em seus sonhos. Que nunca foram questionadas ou incentivadas a fazê-lo por seus pais e professores e, por isso, os sonhos não se tornaram importantes em suas mentes. Os indivíduos se ocupam com a rotina diária e vivem um dia após o outro até que algo acontece e os desperta dessa inércia.

Meu objetivo é que a partir dessa leitura e do aprendizado sobre como controlar o seu orçamento você consiga despertar o desejo de mudança em sua vida. O momento é agora. Pegue caneta e papel. Liste tudo aquilo com o que sonha, tudo o que você ainda quer conquistar em sua vida. Anote sonhos materiais, que podem ser adquiridos com dinheiro, e os não materiais também, aqueles que não podem ser comprados.

Ao colocar no papel os seus sonhos, eles já começarão a tomar forma e, aos poucos, estarão mais perto de serem realizados. Isso porque você terá a disciplina e o comprometimento necessários para assumir um compromisso de mudança com o seu dinheiro e com você mesmo.

Disciplina é a palavra-chave

Estabeleça prazos.

O preço dos sonhos.

Priorize seus sonhos.

O sonho (ou pesadelo) do automóvel.

Estabeleça prazos

Para que você consiga deixar seus sonhos ainda mais claros em sua mente, busque listar os prazos para que eles sejam realizados. Estabeleça metas concretas, sem pensar em sua situação financeira atual ou em como está sua vida agora. Mentalize apenas o tempo ideal para a conquista do que deseja.

Olhe sua lista com cuidado e analise os prazos que você estabeleceu para a realização de cada sonho. Agora, separe-os em três tipos: sonhos de curto, médio e longo prazos. Para facilitar e organizar seu raciocínio, sugiro que você considere como curto prazo os sonhos passíveis de serem conquistados em até um ano; de médio prazo, em até dez anos; e os de longo prazo, em um tempo superior a dez anos.

Dessa forma, você saberá com muito mais clareza e discernimento em quanto tempo terá em mãos aquele produto ou objeto que tanto deseja ou ainda quando poderá viver naquela situação que almeja há anos. Ao estabelecer prazos concretos e possíveis, você não perderá mais tempo só sonhando, sem saber quando esse sonho será realizado. Esse exercício o levará a assumir um compromisso verdadeiro e honesto com aquilo que é importante para você, com o que poderá ser conquistado no prazo que você definiu, dentro de possibilidades reais.

Lembre-se sempre de que essa lista de sonhos foi elaborada por você com muito cuidado e dedicação. Não se permita cometer grandes deslizes, gastando além do planejado e deixando de reservar uma parcela para os sonhos, como verá mais adiante.

Não se boicote ou deixe de acreditar que é capaz de conseguir sempre mais e mais. Todos os seres humanos são do tamanho dos seus sonhos e podem, sim, realizar aquilo que verdadeiramente querem por meio da disciplina alcançada com um efetivo planejamento financeiro.

Após elaborar sua lista de sonhos individuais (e eu digo individuais porque mesmo que nela constem viagens em família ou a casa própria, em que todos vão morar, ela reflete aquilo que você almeja como indivíduo e que talvez não seja o sonho de outras pessoas; é a sua lista), se houver abertura, é hora de expor para a sua família esse importante processo.

Procure a melhor oportunidade, como um momento de descontração, para falar sobre o assunto. Você deve começar de forma leve, com um tom de brincadeira, incentivando seus entes queridos a pensar também em seus sonhos, que podem ser realizados em curto, médio e longo prazos. E não importa a idade, já que mesmo as crianças podem e devem ser envolvidas nessa dinâmica, que deixará a família ainda mais unida e a busca pela realização dos sonhos, mais fácil e proveitosa.

Após listar e escrever os sonhos, é hora de reuni-los em grupos, da mesma forma que você fez sozinho no início do processo. Separe com sua família seus sonhos no tempo concreto e real em que eles podem ser realizados (curto, médio e longo prazos).

Após essa etapa, separe os sonhos novamente, agora nas categorias individual (aqueles por meio dos quais somente um membro da família será beneficiado) e coletivo (que envolve a realização da conquista de mais de uma pessoa).

Um exemplo de sonho individual é o desejo de um membro da família de cursar determinada faculdade, comprar uma televisão nova para o quarto ou ainda fazer um intercâmbio fora do Brasil para aprender uma segunda língua, como o inglês. Já na lista de sonhos coletivos entrariam a reforma ou a compra da casa própria, uma viagem de férias para um resort e a aquisição de um aparelho de DVD ou blu-ray para todos assistirem, juntos, a um bom filme.

Tenho certeza de que todos os participantes do processo ficarão surpresos ao descobrir um pouco mais sobre os sonhos uns dos outros. Além de se projetarem juntos no futuro em uma situação de prazer e alegria, vocês se conhecerão mais. Além disso, um poderá ajudar o outro nesse novo processo de nunca desistir daquilo que realmente é imprescindível em nossa vida: nossos sonhos!

Esse é um momento de união, por isso evite, por enquanto, falar em cortes de despesas. Concentre-se agora no lado bom de sonhar. E quanto mais você e sua família sonharem e acreditarem na possibilidade de realização, mais forte será o desejo de efetivamente batalhar para tornar essa conquista verdadeira.

Não pense que você não possui dinheiro suficiente para realizar tudo que almeja. Se esse pensamento lhe ocorrer, ouça com atenção o que eu tenho a dizer: você pode conquistar todos os sonhos que hoje considera inalcançáveis.

O preço dos sonhos

Internalize que, a partir desse exato momento, você possuirá disciplina em sua vida financeira. Você deve querer isso de fato para chegar aonde deseja e merece. Lembre-se: é preciso sonhar primeiro para, assim, partir em busca do dinheiro necessário para a conquista, seja ela qual for.

Por isso, é muito importante que você descubra exatamente quanto custa cada um de seus sonhos. Não julgue se é ou não muito caro ou que não existe a possibilidade de realização. Aposto que você já encontrou um velho conhecido que conseguiu realizar muito mais do que você e que viveu ou vive em condições parecidas.

Nesse momento, o primeiro sentimento, com certeza, é o de frustração. Mas isso não é razão para continuar no marasmo, pelo contrário, deve servir mais uma vez como fonte inspiradora para a mudança. Afinal, se ele conseguiu, por que você não poderá conseguir também?

Ao julgar que é muito caro e que não vai conseguir, você se afasta cada vez mais dos seus sonhos. Esse não é o destino que você espera, correto? Então, valorize-se, escreva seus sonhos, defina os prazos e descubra exatamente quanto eles custam. É simples. Pesquise nas mais diversas lojas e lugares e depois comece preenchendo o seguinte quadro:

REGISTRO DOS SONHOS
CURTO PRAZO (até um ano)
Meu sonho é:
Meu sonho custa:
Quanto vou guardar:
Em quanto tempo realizarei:
MÉDIO PRAZO (de um a dez anos)
Meu sonho é:
Meu sonho custa:
Quanto vou guardar:
Em quanto tempo realizarei:
LONGO PRAZO (acima de dez anos)
Meu sonho é:
Meu sonho custa:
Quanto vou guardar:
Em quanto tempo realizarei:

O preenchimento não é difícil. Digamos que seu sonho de curto prazo seja uma televisão 3D, de última geração. Em sua pesquisa, você verificou que ela pode ser comprada por R$ 2.500,00. Se você puder, a cada mês, guardar R$ 250,00, em dez meses a tão sonhada televisão já estará em sua casa.

O mesmo vale para o sonho listado como de médio prazo. Vamos supor que você quer viajar para o exterior. Após entrar em contato com agências de viagens, visitar sites de passagens, hotéis e os principais pontos turísticos que merecem uma visita, chegou a um total de R$ 6.000,00 para que você e seu companheiro ou sua companheira possam, finalmente, conhecer aquele destino tão sonhado.

Novamente, vamos pensar que você irá destinar, a cada mês, R$ 250,00 para esse propósito. Se for paga à vista, essa viagem poderá ser realizada em um prazo de 24 meses. Ou seja, em dois anos você estará no aeroporto, de malas prontas para uma experiência enriquecedora e inesquecível. Conhecerá outras culturas, hábitos de alimentação e realizará um sonho que até então julgava impossível.

Pensemos agora no sonho de longo prazo. Imaginemos que é o de livrar-se do aluguel e conquistar a sua casa própria. Se o imóvel dos seus sonhos custar R$ 50.000 e você separar, a cada mês, R$ 700,00, ele será seu em 5 anos, com pagamento à vista. Observe agora estes exemplos:

COMO REALIZAR MEUS SONHOS

Meu sonho é	Meu sonho custa (R$)	Número de parcelas	Guardar por mês (R$)	Correção com juros (%)(*)	Total acumulado	Prazo
TV LCD	1.800,00	12	150,00	0,65	1.865,76	Curto
Curso MBA	5.500,00	48	100,00	0,65	5.611,94	Médio
Aposentadoria	500.000,00	360	415,00	0,65	593.955,95	Longo

(*) A tabela mostra o valor poupado mensalmente e corrigido com juros médios da caderneta de poupança, de 0,65% ao mês.

Exatamente como os exemplos citados acima, faça agora a sua simulação, registrando os seus sonhos, o preço de cada um deles, qual valor mensal será reservado e, assim, em quanto tempo eles serão realizados.

COMO REALIZAR MEUS SONHOS

Meu sonho é	Meu sonho custa (R$)	Número de parcelas	Guardar por mês (R$)	Correção com juros (%)(*)	Total acumulado	Prazo

Priorize seus sonhos

Nos três casos que exemplifiquei anteriormente, o valor guardado a cada mês é pequeno em relação ao todo, ao dinheiro que efetivamente custa o sonho. Mas, mês a mês, ele estará mais próximo de ser conquistado. Talvez você esteja pensando: "Mas eu não posso dispor de nenhuma quantia para a realização de um sonho, já que o que eu ganho acaba indo inteiramente para os meus gastos mensais. Seria simples se eu tivesse um rendimento extra, mas eu não tenho".

Chegamos, então, ao ponto principal da questão. Seus sonhos nunca serão realizados se você não puder guardar dinheiro para eles e ficar esperando que aconteça algo novo, algo que mude a sua vida, como uma promoção ou um novo emprego que venha com um salário mais alto. Pense bem. Se isso acontecer e você não tiver foco nos seus sonhos, não se esforçar, acabará aumentando imediatamente o seu padrão de vida. Na prática, isso significa que não vai poupar e, como consequência, não poderá realizar aquilo que realmente tem sentido e é o combustível que nos move a cada dia: os nossos sonhos.

Se realmente quer realizá-los, você tem que priorizar os seus sonhos. Esse é o segredo, a lição para a conquista, o método mais eficiente. O seu sonho merece mais respeito e dedicação da sua parte. Sua lição será a de pensar em como adequar seu padrão de vida e de consumo, ou seja, seus gastos mensais, para garantir a conquista daquilo que mais deseja. Isso será mais fácil agora que você já organizou os seus sonhos em curto, médio e longo prazos e sabe exatamente quanto eles custam e quanto precisa guardar para conquistá-los.

Então, vamos para uma outra etapa: a de fazer com que seus sonhos caibam no seu orçamento. Não caia no erro de fazer exatamente o contrário e sonhar somente com aquilo que você poderia comprar com o que hoje "sobra" depois de pagar as contas acumuladas. Você verá mais à frente que muitas delas podem ser eliminadas em favor da realização de seus maiores sonhos. Se ainda assim você acredita que só por um milagre se encaixaria em um dos exemplos já citados, guardando a quantia mencionada, eu lhe asseguro que está redondamente enganado. E vou comprovar isso.

Digamos que o seu salário atual bruto – aquele que consta em sua carteira de trabalho, mas que, por alguns encargos e contribuições, como o Imposto de Renda e o INSS, não é o valor real que você recebe a cada mês trabalhado – seja de R$ 1.000,00. Descontados os encargos e contribuições, seu salário líquido, ou seja, o valor que você efetivamente tem em mãos a cada 30 dias, é de mais ou menos R$ 850,00.

Pensando na casa própria, é óbvio que seria impossível guardar R$ 700,00, já que ninguém é capaz de sobreviver, mesmo que pagando somente as contas mais básicas, com R$ 150,00. Mas isso não quer dizer que esse sonho não é possível, somente que ele vai demorar mais tempo para ser realizado.

Não existe problema nenhum em colocar os maiores e mais caros desejos na categoria de longo prazo. Tudo depende da sua disciplina e organização para, a cada dia, estar mais perto daquilo que realmente fará diferença em sua vida. O respeito ao dinheiro e ao que ele pode comprar de realmente valioso para cada um é a ferramenta impulsionadora nessa reeducação financeira.

Então, como você deve agir? Em vez de guardar R$ 700,00 por mês, você pode reservar R$ 350,00 e terá em mãos a chave do seu tão esperado lar em aproximadamente nove anos. E se R$ 350,00 ainda for um valor muito alto para você, que tal destinar R$ 175,00 mensalmente para seu sonho? Não vai parecer muito quando você, depois de cerca de 14 anos com essa reserva mensal, puder ter, finalmente, a tranquilidade e a satisfação que seu desejo realizado proporcionará.

Seu sonho pode ter qualquer tamanho, isso não importa. O que vale é disciplina, organização e perseverança. Tudo depende do esforço que você estiver disposto a fazer. Não abra mão de seu sonho, alongue os prazos se o valor for muito alto em relação ao seu padrão de rendimento mensal.

O sonho (ou pesadelo) do automóvel

A falta de orientação leva muitas pessoas ao endividamento. Um dos casos clássicos que ilustram isso é o sonho do carro zero. Guiadas por status e anúncios publicitários que pregam ofertas avassaladoras e formas de pagamento facilitadas, muitas pessoas embarcam na compra de um automóvel sem saber direito onde estão pisando.

Trazendo o assunto para a prática, a conta é simples: você comprou um carro que custa R$ 54.000,00, em 60 parcelas. Ao longo desse tempo, você pagará pelo carro cerca de R$ 100.000,00 no total.

Parece absurdo, mas não é. Pegue uma calculadora e confirme o que estou dizendo. Multiplicando a quantidade de parcelas pelo valor em reais de cada uma delas, é possível chegar à conclusão de que você pagará, ao final do contrato, a quantia referente ao preço de dois carros à vista, e não somente um.

Vale considerar que aos olhos da financeira o seu carro, ao sair da loja, já vale 10% menos. Após um ano de uso, a depreciação do automóvel reduz em 20% a quantia pela qual foi adquirido. O curioso é que, durante esse mesmo período de um ano de uso, a sua dívida, que era de

R$ 100.000,00, caiu para R$ 80.000,00. Porém, o carro agora vale, para o mercado, somente R$ 44.000,00.

Isso nos leva a concluir que a sua dívida, nesse contexto, é maior do que o seu bem, o carro em questão. Chega a ser engraçado pensar que se você quiser devolver o carro, teoricamente, ainda ficará devendo um valor exorbitante à financeira.

Se a vida lhe surpreender com um revés financeiro e você não tiver como reverter a situação em curto prazo, a melhor saída, ainda assim, é devolver o carro o quanto antes e negociar, de preferência acompanhado de um advogado, para conseguir isentar a sua dívida.

Vale ressaltar que os veículos que voltam para as financeiras são leiloados e repassados a terceiros por um valor abaixo do mercado. Sendo assim, a empresa não vai querer arcar com prejuízos, no caso de haver uma diferença grande entre o valor real do carro e o valor pelo qual ele foi leiloado. Ou seja, quem arcará com esse custo é você.

Uma outra possibilidade, levando em conta que a sua situação financeira não permitirá mais a manutenção do veículo, é tentar vendê-lo para alguém que tomará para si todas as dívidas. Caso isso ocorra, não se esqueça de transferir o financiamento para o nome dessa pessoa, pois do contrário você continuará sendo responsável pelo que acontecer ao carro, não só financeiramente, mas também legalmente.

Por conta de tudo isso, eu sempre aconselho aos que sonham em ter um carro montarem a seguinte estratégia: abrir uma conta de investimento (CDB, fundo de investimento ou ainda tesouro direto) somente para esse fim e lá depositar, fielmente, mês a mês, uma quantia fixa que será acumulada com o passar do tempo até chegar a um valor considerável para que a compra do veículo possa ser feita à vista, mediante negociação.

Ao entrar numa concessionária sabendo que o dinheiro está em suas mãos, o seu poder de barganha será muito maior. Além disso, você sentirá a segurança de que está fazendo a coisa certa, adquirindo um carro novo, sem dívidas, tendo apenas que arcar com seus custos de manutenção que, em média, representam 2% do valor do veículo. Por exemplo: um automóvel que custa R$ 20 mil terá um custo médio anual de manutenção de aproximadamente R$ 400,00.

O vendedor, percebendo que você pagará à vista, será estimulado a oferecer mais vantagens durante a negociação. Para as concessionárias, cliente que paga à vista é coisa rara; sendo assim, você será tratado com muito mais cordialidade, tendo a chance de optar por um acordo com mais benefícios.

Imagino que a sua ansiedade seja grande por sair pela cidade dirigindo o seu próprio carro; no entanto, pense bem antes de comprá-lo num impulso, sem ter certeza de que poderá arcar com todos os custos, pois se tiver que devolvê-lo o tombo será muito maior. Muitas vezes é melhor esperar e tomar atitudes com segurança. Se você poupar, poderá realizar esse sonho pagando o seu carro à vista. E fazendo isso você arcará apenas com o valor anunciado, sem acréscimos. Já no caso da compra impulsiva, a prazo, você estará se comprometendo a bancar um valor referente a dois carros ao final do financiamento.

Sua vida financeira sob controle

A redução na prática.

Invista no seu futuro.

Quando o sonho vira realidade.

A redução na prática

Meu ensinamento inclui também a importância de aprender a comprar melhor. Isso significa buscar preços mais acessíveis e que caibam em seu novo orçamento. Uma estratégia é rever, uma a uma, todas as suas despesas e, posteriormente, realizar uma grande análise de seus gastos.

Você está pesquisando antes de comprar cada um dos produtos? Com certeza o macarrão e o molho de tomate custam muito mais na padaria do que no supermercado. O mesmo vale para os gastos nas lojas de conveniência dos postos de combustíveis. Você precisa mesmo, naquela hora, comprar um pacote de bolachas?

Outra dica é passar a comprar produtos similares. É muito comum que empresas de renome cobrem mais pelos serviços ou produtos sem que, necessariamente, eles possuam qualidade superior. Experimente novos produtos, com preços inferiores aos dos que está habituado a comprar, e descubra se vale a pena. Tenho certeza de que em muitos casos não há diferenças ou que, caso existam, elas são mínimas.

A mesma lógica vale para os alimentos. Qual é o custo de comer em um restaurante e quanto custa comprar os ingredientes e preparar o prato em casa? Com certeza a segunda opção, além de mais saudável, é a mais barata.

A substituição também vale para alimentos prontos. Vale muito mais a pena comprar tomates e preparar um molho fresquinho do que gastar com um enlatado. A pipoca pode ser a convencional, não precisa ser a de micro-ondas, que custa muito mais. Que tal trocar o refrigerante por suco? São escolhas que farão a diferença no seu bolso e também na sua saúde e na de sua família.

Vícios de consumo diário como café, chocolate, goma de mascar e cigarro também saem muito caro ao fim de cada mês, sem que muitas pessoas percebam isso. Vale avaliar se eles não podem ser cortados. A lição é diária. Verifique se as luzes não estão acesas em um cômodo vazio. Desligue o computador se ele não estiver sendo utilizado. Não durma com a televisão ligada. Demore menos tempo no banho e reduza as conversas ao telefone.

Serviços de assinatura mensal também devem ser foco de análise e atenção. Consideremos a TV a cabo. A maior parte das pessoas possui uma rotina atribulada e cheia de compromissos. Nesse caso, é realmente necessário ter tantos canais à disposição? A quantos deles você nunca assiste?

Outro exemplo são os planos promocionais, como os oferecidos por locadoras. Eles são vantajosos? Você vai ficar em casa para assistir a uma porção de filmes no fim de semana ou feriado? Ou vai acabar saindo para passear, encontrar os parentes e amigos e devolver os DVDs sem ao menos tê-los colocado no aparelho?

Ao adotar essa nova postura você ficará surpreso com o resultado. Poderá até se questionar sobre os motivos de não ter feito isso antes. Mas não foque no passado, a mudança deve ser pensada a partir de agora. É tudo uma questão de atitude. Com coragem e esforço, você verá em seu Apontamento de Despesas onde é possível fazer os cortes necessários para equilibrar seu orçamento e poupar para o que realmente interessa e traz satisfação. Pergunte-se, valor a valor, se poderia ter gastado menos e como isso seria possível. Faça esse exercício também com os seus familiares, questionando os seguintes pontos:

Para onde vai a maior parte dos meus rendimentos?

Quais são as minhas principais despesas?

Todas essas despesas são necessárias?

Em que eu poderia reduzir meus gastos?

Quais gastos eu poderia simplesmente eliminar?

Pensem juntos nas perguntas acima. O corte de despesas não é fácil, mas com o tempo se tornará algo natural e parte de sua rotina. É importante, contudo, que haja uma análise crítica do que realmente pode ser excluído. Sempre digo que é preciso ter bom senso para identificar com clareza o que pode ser cortado ou o que não deve ser eliminado de nossas vidas. Isso porque, quando você corta algo muito essencial, pode estar enfraquecendo a si mesmo e perdendo a motivação para realizar os seus sonhos.

É de suma importância ter discernimento para separar o que é vital do que é supérfluo; quais hábitos de consumo são imprescindíveis e quais são dispensáveis. Pergunte-se: "Eu posso viver sem isso?". Essa é uma negociação que você e sua família farão em busca da reserva financeira necessária para que, no futuro (de curto, médio e longo prazos), a recompensa seja alcançada.

Invista no seu futuro

O controle financeiro, como vimos, é a chave para conquistar o dinheiro necessário para a realização dos sonhos. Não veja o orçamento como uma camisa de força, algo penoso e sacrificante. Pelo contrário. Ele é o caminho que o levará para experiências incríveis e muito desejadas. Lembre-se: quanto maior for sua capacidade de respeitar o dinheiro, maior será sua liberdade.

Quando o sonho é a prioridade, a motivação para viver dentro do seu padrão de consumo torna-se algo fácil e verdadeiramente prazeroso. Naturalmente, você substituirá o prazer do imediatismo pela satisfação de ver seus sonhos cada vez mais perto da realidade.

E por esse mesmo motivo é tão importante ter sonhos de curto, médio e longo prazos e destinar, mensalmente, um valor para cada um deles. Caso você pegue suas reservas e gaste todas em desejos de curto prazo, estará caindo no erro da satisfação momentânea. Não deixe nunca isso acontecer.

As conquistas mais fáceis de serem realizadas, por serem mais baratas, podem ser enganosas. Sonhos mais onerosos e, por isso mesmo, mais difíceis de serem alcançados proporcionarão um prazer muito superior ao serem conquistados.

Gosto de comparar essa situação com um regime. É mais fácil emagrecer no começo da dieta. O que ocorre é que, ao perder alguns quilos, muitas pessoas se animam e acabam voltando a comer doces, massas e frituras como uma recompensa ao esforço inicial. O resultado é que o peso aumenta novamente e o processo volta à estaca zero. Ou seja, a satisfação de comer determinada guloseima é, posteriormente, acompanhada de um grande desânimo que, muitas vezes, impede o recomeço.

O mesmo vale para o desequilíbrio da saúde financeira, que nada mais é do que a falta de visão de médio e longo prazos. Quanto maior a dificuldade, maior a tendência de querer viver apenas o momento presente, deixando para amanhã a preocupação que deveria ser o foco da energia hoje. Isso é natural porque o imediatismo o acompanhou a vida inteira.

O problema maior é que, na ânsia de realizar os sonhos de médio e longo prazos – que certamente ficarão mais distantes se não houver dinheiro reservado para eles –, você pode acabar sucumbindo a empréstimos e financiamentos, utilizando um recurso que não tem. Não estou sugerindo que você entre em um ciclo de ansiedade e de cortes que afetarão seu ânimo e sua disposição. Você mesmo definiu os prazos para cada uma de suas conquistas. Faça da espera, do dinheiro guardado a cada mês, uma etapa prazerosa do processo de conquistar tudo aquilo que almeja.

Se o sonho de longo prazo for uma viagem, aproveite para pesquisar lugares a serem visitados, os hotéis em que ficará hospedado, converse com pessoas que conheçam o destino e anote dicas de passeios imperdíveis. Faça um caderno de planejamento da viagem.

Se o sonho for a casa própria, planeje cada um dos detalhes de seu novo lar. Vale desenhar a disposição dos móveis, as cores das paredes, os quadros e objetos que farão parte da decoração. Envolva seus familiares nesse processo de enxergar, hoje, o futuro. Será uma experiência enriquecedora e que o ajudará a cumprir o orçamento planejado.

O caminho é este: educar-se financeiramente. E lembre-se: todo e qualquer novo corte possível será um tijolinho a mais na construção do seu futuro.

Quando o sonho vira realidade

Agora você já tem todos os dados necessários para conquistar os seus sonhos. Já sabe exatamente quanto ganha, para onde vão seus gastos (sejam eles pequenos ou grandes), quanto deve reservar para a realização de seus desejos. Em tese, está pronto para planejar de forma realista e possível o seu novo orçamento.

Com todas as lições e os ensinamentos interiorizados e com a consciência de que cada atitude trará mais qualidade à sua vida financeira, você terá a motivação necessária para seguir firme e com persistência no caminho dos seus sonhos e, também, de uma vida mais tranquila.

Você é capaz de virar o jogo e assumir o controle de seu orçamento financeiro. Quem manda em seu dinheiro é você e nunca o contrário. A cada nova conquista, a cada obstáculo superado, você terá seu ânimo renovado para continuar seguindo em frente.

Eu costumo dizer que guardar e ter mais dinheiro só faz sentido se for para realizar sonhos. Guardar dinheiro simplesmente por guardar não faz sentido algum, não leva a nenhum lugar. E aqui não me refiro somente aos sonhos materiais ou sonhos de consumo, como se convencionou chamar. Seu grande sonho pode incluir causas humanitárias, como a criação de um produto ou serviço que ajudará outras pessoas ou a abertura de um lar ou escola beneficente, por exemplo. Mas, mesmo no caso de sonhos embutidos do nobre sentimento de solidariedade, existe a necessidade de dinheiro para sua realização.

Seu sonho pode ainda não ser vendido em uma loja, mas, novamente, isso não exclui o planejamento financeiro. Você pode sonhar em se casar, ter filhos, ser aprovado em um concurso ou passar no vestibular. E também nesses casos eu asseguro que tudo ficará mais simples se você for uma pessoa confiante, realizada, com autoestima elevada, o que é conquistado com a realização de sonhos e aquisições materiais, pois eles resultam de seu esforço e comprometimento. Esses sonhos não materiais fazem parte de nossa essência e, muitas vezes, exigem de nós uma preparação de como encarar a vida e superar obstáculos.

Você também pode sonhar em ter dinheiro guardado e isso não é um problema. Porque se você tiver uma boa reserva financeira para manter seu padrão de vida e de consumo por um bom tempo, terá tranquilidade para começar um novo negócio, mudar de emprego, investir em uma nova empreitada ou, ainda, superar de maneira mais fácil eventuais imprevistos que possam cruzar o seu caminho.

É importante, por isso, pensar e definir quais são seus sonhos. Em minhas palestras pelo Brasil costumo indagar aos jovens quais são seus sonhos. E uma resposta bastante comum é: "Estudar e conseguir um bom emprego". Minha resposta é que estudar e conquistar um bom posto de trabalho não configuram um sonho. Eles são, na verdade, os meios para a realização de um sonho. E a maior parte das pessoas, principalmente os jovens, não consegue entender isso.

Ou seja, aqueles que vão construir o futuro do nosso País ainda estão muito presos às necessidades básicas de sobrevivência, ao chamado "arroz com feijão". Acabam confundindo o meio com o fim e ficando presos a uma vida sem grandes perspectivas, na qual todo o dinheiro recebido é logo gasto em desejos momentâneos e, muitas vezes, desperdiçado sem nenhum controle ou planejamento.

Infelizmente, no Brasil a maioria ainda foca seus esforços e utiliza seu potencial para suprir o básico do básico, para a simples sobrevivência. Isso sem falar no falso sentimento de inserção na sociedade de consumo, com a possibilidade de adquirir produtos dos quais não necessita e que serão pagos em muitas parcelas e que, por causa dos juros, acabarão custando muitas vezes o dobro do valor que seria desembolsado no pagamento à vista.

O fato é que o dinheiro possui dinâmica e lógica próprias. Para atraí-lo em sua vida, você precisa mudar a maneira com que lida com ele. Acredito que agora você é capaz de sonhar primeiro para, assim, conquistar depois.

Para isso, é fundamental que você acredite e consiga visualizar uma vida muito mais próspera e tranquila. Assim, fará sua parte para transformar seus sonhos em realidade. Eu acredito em você. O caminho das pedras está ao seu alcance. Boa sorte!

DSOP
Educação
Financeira

Disseminar o conceito de Educação Financeira, contribuindo para a criação de uma nova geração de pessoas financeiramente independentes. A partir desse objetivo foi criada, em 2008, a DSOP Educação Financeira.

Presidida pelo educador e terapeuta financeiro Reinaldo Domingos, a DSOP Educação Financeira oferece uma série de produtos e serviços sob medida para pessoas, empresas e instituições de ensino interessadas em aplicar e consolidar o conhecimento sobre Educação Financeira.

São cursos, seminários, workshops, palestras, formação de educadores financeiros, capacitação de professores, pós-graduação em Educação Financeira e Coaching, licenciamento da marca DSOP por meio da rede de educadores DSOP e Franquia DSOP. Cada um dos produtos foi desenvolvido para atender às diferentes necessidades dos diversos públicos, de forma integrada e consistente.

Todo o conteúdo educacional disseminado pela DSOP Educação Financeira segue as diretrizes da Metodologia DSOP, concebida a partir de uma abordagem comportamental em relação ao tema finanças.

Reinaldo
Domingos

Reinaldo Domingos é professor, educador e terapeuta financeiro, presidente e fundador da DSOP Educação Financeira e da ABEFIN – Associação Brasileira dos Educadores Financeiros. Publicou os livros Terapia Financeira; Eu Mereço Ter Dinheiro; Livre-se das Dívidas; Ter Dinheiro não tem Segredo; O Menino do Dinheiro – Sonhos de Família; O Menino do Dinheiro – Vai à Escola; O Menino do Dinheiro – Ação entre Amigos; O Menino e o Dinheiro; O Menino, o Dinheiro e os Três Cofrinhos; e O Menino, o Dinheiro e a Formigarra.

Em 2009, idealizou a primeira Coleção Didática de Educação Financeira para o Ensino Básico do Brasil, já adotada por diversas escolas brasileiras.

Em 2012, criou o primeiro Programa de Educação Financeira para Jovens Aprendizes, já adotado por diversas entidades de ensino profissionalizante, e lançou o primeiro Programa de Educação Financeira para o Ensino de Jovens e Adultos – EJA.

Contatos do autor

No portal DSOP de Educação Financeira (www.dsop.com.br) você encontra todas as simulações, testes, apontamentos, orçamentos e planilhas eletrônicas.

Contatos do autor:

reinaldo.domingos@dsop.com.br

www.dsop.com.br

www.editoradsop.com.br

www.reinaldodomingos.com.br

www.twitter.com/reinaldodsop

www.twitter.com/institutodsop

www.facebook.com/reinaldodomingos

www.facebook.com/DSOPEducacaoFinanceira

www.facebook.com/editoradsop

Fone: 55 11 3177-7800